ACCOUNTING LEDGER

START DATE

BOOK NO.

Continued from Book No.

DEPARTMENT

NAME

POSITION

BUSINESS ADDRESS

CONTACT DETAILS

PHONE:

FAX:

EMAIL:

NOTES

ACCOUNTING LEDGER

YEAR

MONTH

SHEET NO.

No.	Date	Account	Description	Debit	Credit	Balance
1						
2						
3						
4						
5						
6						
7						
8						
9						
10						
11						
12						
13						
14						
15						
16						
17						
18						
19						
20						

NOTES

ACCOUNTING **LEDGER**

YEAR

MONTH

SHEET NO.

No.	Date	Account	Description	Debit	Credit	Balance
1						
2						
3						
4						
5						
6						
7						
8						
9						
10						
11						
12						
13						
14						
15						
16						
17						
18						
19						
20						

NOTES

ACCOUNTING LEDGER

YEAR

MONTH

SHEET NO.

No.	Date	Account	Description	Debit	Credit	Balance
1						
2						
3						
4						
5						
6						
7						
8						
9						
10						
11						
12						
13						
14						
15						
16						
17						
18						
19						
20						

NOTES

ACCOUNTING **LEDGER** — **YEAR**

MONTH ______ *SHEET NO.* ______

No.	Date	Account	Description	Debit	Credit	Balance
1						
2						
3						
4						
5						
6						
7						
8						
9						
10						
11						
12						
13						
14						
15						
16						
17						
18						
19						
20						

NOTES

ACCOUNTING **LEDGER**

YEAR

MONTH

SHEET NO.

No.	Date	Account	Description	Debit	Credit	Balance
1						
2						
3						
4						
5						
6						
7						
8						
9						
10						
11						
12						
13						
14						
15						
16						
17						
18						
19						
20						

NOTES

ACCOUNTING LEDGER

YEAR

MONTH

SHEET NO.

No.	Date	Account	Description	Debit	Credit	Balance
1						
2						
3						
4						
5						
6						
7						
8						
9						
10						
11						
12						
13						
14						
15						
16						
17						
18						
19						
20						

NOTES

ACCOUNTING **LEDGER** **YEAR**

MONTH

SHEET NO.

No.	Date	Account	Description	Debit	Credit	Balance
1						
2						
3						
4						
5						
6						
7						
8						
9						
10						
11						
12						
13						
14						
15						
16						
17						
18						
19						
20						

NOTES

ACCOUNTING LEDGER

YEAR

MONTH

SHEET NO.

No.	Date	Account	Description	Debit	Credit	Balance
1						
2						
3						
4						
5						
6						
7						
8						
9						
10						
11						
12						
13						
14						
15						
16						
17						
18						
19						
20						

NOTES

ACCOUNTING **LEDGER** **YEAR**

MONTH

SHEET NO.

No.	Date	Account	Description	Debit	Credit	Balance
1						
2						
3						
4						
5						
6						
7						
8						
9						
10						
11						
12						
13						
14						
15						
16						
17						
18						
19						
20						

NOTES

ACCOUNTING LEDGER

YEAR

MONTH | *SHEET NO.*

No.	Date	Account	Description	Debit	Credit	Balance
1						
2						
3						
4						
5						
6						
7						
8						
9						
10						
11						
12						
13						
14						
15						
16						
17						
18						
19						
20						

NOTES

ACCOUNTING LEDGER

YEAR

MONTH

SHEET NO.

No.	Date	Account	Description	Debit	Credit	Balance
1						
2						
3						
4						
5						
6						
7						
8						
9						
10						
11						
12						
13						
14						
15						
16						
17						
18						
19						
20						

NOTES

ACCOUNTING LEDGER

YEAR

MONTH

SHEET NO.

No.	Date	Account	Description	Debit	Credit	Balance
1						
2						
3						
4						
5						
6						
7						
8						
9						
10						
11						
12						
13						
14						
15						
16						
17						
18						
19						
20						

NOTES

ACCOUNTING **LEDGER** YEAR

MONTH

SHEET NO.

No.	Date	Account	Description	Debit	Credit	Balance
1						
2						
3						
4						
5						
6						
7						
8						
9						
10						
11						
12						
13						
14						
15						
16						
17						
18						
19						
20						

NOTES

ACCOUNTING **LEDGER** YEAR

MONTH | *SHEET NO.*

No.	Date	Account	Description	Debit	Credit	Balance
1						
2						
3						
4						
5						
6						
7						
8						
9						
10						
11						
12						
13						
14						
15						
16						
17						
18						
19						
20						

NOTES

ACCOUNTING **LEDGER**

YEAR

MONTH

SHEET NO.

No.	Date	Account	Description	Debit	Credit	Balance
1						
2						
3						
4						
5						
6						
7						
8						
9						
10						
11						
12						
13						
14						
15						
16						
17						
18						
19						
20						

NOTES

ACCOUNTING LEDGER

YEAR

MONTH

SHEET NO.

No.	Date	Account	Description	Debit	Credit	Balance
1						
2						
3						
4						
5						
6						
7						
8						
9						
10						
11						
12						
13						
14						
15						
16						
17						
18						
19						
20						

NOTES

ACCOUNTING **LEDGER**

YEAR

MONTH

SHEET NO.

No.	Date	Account	Description	Debit	Credit	Balance
1						
2						
3						
4						
5						
6						
7						
8						
9						
10						
11						
12						
13						
14						
15						
16						
17						
18						
19						
20						

NOTES

ACCOUNTING LEDGER

YEAR

MONTH

SHEET NO.

No.	Date	Account	Description	Debit	Credit	Balance
1						
2						
3						
4						
5						
6						
7						
8						
9						
10						
11						
12						
13						
14						
15						
16						
17						
18						
19						
20						

NOTES

ACCOUNTING LEDGER

YEAR

MONTH

SHEET NO.

No.	Date	Account	Description	Debit	Credit	Balance
1						
2						
3						
4						
5						
6						
7						
8						
9						
10						
11						
12						
13						
14						
15						
16						
17						
18						
19						
20						

NOTES

ACCOUNTING LEDGER

YEAR

MONTH

SHEET NO.

No.	Date	Account	Description	Debit	Credit	Balance
1						
2						
3						
4						
5						
6						
7						
8						
9						
10						
11						
12						
13						
14						
15						
16						
17						
18						
19						
20						

NOTES

ACCOUNTING **LEDGER**

YEAR

MONTH

SHEET NO.

No.	Date	Account	Description	Debit	Credit	Balance
1						
2						
3						
4						
5						
6						
7						
8						
9						
10						
11						
12						
13						
14						
15						
16						
17						
18						
19						
20						

NOTES

ACCOUNTING **LEDGER** **YEAR**

MONTH *SHEET NO.*

No.	Date	Account	Description	Debit	Credit	Balance
1						
2						
3						
4						
5						
6						
7						
8						
9						
10						
11						
12						
13						
14						
15						
16						
17						
18						
19						
20						

NOTES

ACCOUNTING **LEDGER**

YEAR

MONTH

SHEET NO.

No.	Date	Account	Description	Debit	Credit	Balance
1						
2						
3						
4						
5						
6						
7						
8						
9						
10						
11						
12						
13						
14						
15						
16						
17						
18						
19						
20						

NOTES

ACCOUNTING **LEDGER** YEAR

MONTH | *SHEET NO.*

No.	Date	Account	Description	Debit	Credit	Balance
1						
2						
3						
4						
5						
6						
7						
8						
9						
10						
11						
12						
13						
14						
15						
16						
17						
18						
19						
20						

NOTES

ACCOUNTING **LEDGER** YEAR

MONTH

SHEET NO.

No.	Date	Account	Description	Debit	Credit	Balance
1						
2						
3						
4						
5						
6						
7						
8						
9						
10						
11						
12						
13						
14						
15						
16						
17						
18						
19						
20						

NOTES

ACCOUNTING LEDGER

YEAR

MONTH | *SHEET NO.*

No.	Date	Account	Description	Debit	Credit	Balance
1						
2						
3						
4						
5						
6						
7						
8						
9						
10						
11						
12						
13						
14						
15						
16						
17						
18						
19						
20						

NOTES

ACCOUNTING LEDGER

YEAR

MONTH

SHEET NO.

No.	Date	Account	Description	Debit	Credit	Balance
1						
2						
3						
4						
5						
6						
7						
8						
9						
10						
11						
12						
13						
14						
15						
16						
17						
18						
19						
20						

NOTES

ACCOUNTING LEDGER

YEAR

MONTH

SHEET NO.

No.	Date	Account	Description	Debit	Credit	Balance
1						
2						
3						
4						
5						
6						
7						
8						
9						
10						
11						
12						
13						
14						
15						
16						
17						
18						
19						
20						

NOTES

ACCOUNTING **LEDGER**

YEAR

MONTH

SHEET NO.

No.	Date	Account	Description	Debit	Credit	Balance
1						
2						
3						
4						
5						
6						
7						
8						
9						
10						
11						
12						
13						
14						
15						
16						
17						
18						
19						
20						

NOTES

ACCOUNTING LEDGER

YEAR

MONTH

SHEET NO.

No.	Date	Account	Description	Debit	Credit	Balance
1						
2						
3						
4						
5						
6						
7						
8						
9						
10						
11						
12						
13						
14						
15						
16						
17						
18						
19						
20						

NOTES

ACCOUNTING LEDGER

YEAR

MONTH

SHEET NO.

No.	Date	Account	Description	Debit	Credit	Balance
1						
2						
3						
4						
5						
6						
7						
8						
9						
10						
11						
12						
13						
14						
15						
16						
17						
18						
19						
20						

NOTES

ACCOUNTING **LEDGER**

YEAR

MONTH

SHEET NO.

No.	Date	Account	Description	Debit	Credit	Balance
1						
2						
3						
4						
5						
6						
7						
8						
9						
10						
11						
12						
13						
14						
15						
16						
17						
18						
19						
20						

NOTES

ACCOUNTING LEDGER

YEAR

MONTH

SHEET NO.

No.	Date	Account	Description	Debit	Credit	Balance
1						
2						
3						
4						
5						
6						
7						
8						
9						
10						
11						
12						
13						
14						
15						
16						
17						
18						
19						
20						

NOTES

ACCOUNTING **LEDGER**

YEAR

MONTH

SHEET NO.

No.	Date	Account	Description	Debit	Credit	Balance
1						
2						
3						
4						
5						
6						
7						
8						
9						
10						
11						
12						
13						
14						
15						
16						
17						
18						
19						
20						

NOTES

ACCOUNTING LEDGER

YEAR

MONTH

SHEET NO.

No.	Date	Account	Description	Debit	Credit	Balance
1						
2						
3						
4						
5						
6						
7						
8						
9						
10						
11						
12						
13						
14						
15						
16						
17						
18						
19						
20						

NOTES

ACCOUNTING LEDGER

YEAR

MONTH

SHEET NO.

No.	Date	Account	Description	Debit	Credit	Balance
1						
2						
3						
4						
5						
6						
7						
8						
9						
10						
11						
12						
13						
14						
15						
16						
17						
18						
19						
20						

NOTES

ACCOUNTING **LEDGER**   YEAR

MONTH

SHEET NO.

No.	Date	Account	Description	Debit	Credit	Balance
1						
2						
3						
4						
5						
6						
7						
8						
9						
10						
11						
12						
13						
14						
15						
16						
17						
18						
19						
20						

NOTES

ACCOUNTING LEDGER

YEAR

MONTH

SHEET NO.

No.	Date	Account	Description	Debit	Credit	Balance
1						
2						
3						
4						
5						
6						
7						
8						
9						
10						
11						
12						
13						
14						
15						
16						
17						
18						
19						
20						

NOTES

ACCOUNTING **LEDGER**   **YEAR**

MONTH   *SHEET NO.*

No.	Date	Account	Description	Debit	Credit	Balance
1						
2						
3						
4						
5						
6						
7						
8						
9						
10						
11						
12						
13						
14						
15						
16						
17						
18						
19						
20						

NOTES

ACCOUNTING LEDGER

YEAR

MONTH | *SHEET NO.*

No.	Date	Account	Description	Debit	Credit	Balance
1						
2						
3						
4						
5						
6						
7						
8						
9						
10						
11						
12						
13						
14						
15						
16						
17						
18						
19						
20						

NOTES

ACCOUNTING LEDGER

YEAR

MONTH

SHEET NO.

No.	Date	Account	Description	Debit	Credit	Balance
1						
2						
3						
4						
5						
6						
7						
8						
9						
10						
11						
12						
13						
14						
15						
16						
17						
18						
19						
20						

NOTES

ACCOUNTING LEDGER

YEAR

MONTH

SHEET NO.

No.	Date	Account	Description	Debit	Credit	Balance
1						
2						
3						
4						
5						
6						
7						
8						
9						
10						
11						
12						
13						
14						
15						
16						
17						
18						
19						
20						

NOTES

ACCOUNTING LEDGER

YEAR

MONTH

SHEET NO.

No.	Date	Account	Description	Debit	Credit	Balance
1						
2						
3						
4						
5						
6						
7						
8						
9						
10						
11						
12						
13						
14						
15						
16						
17						
18						
19						
20						

NOTES

ACCOUNTING **LEDGER** YEAR

MONTH *SHEET NO.*

No.	Date	Account	Description	Debit	Credit	Balance
1						
2						
3						
4						
5						
6						
7						
8						
9						
10						
11						
12						
13						
14						
15						
16						
17						
18						
19						
20						

NOTES

ACCOUNTING **LEDGER** **YEAR**

MONTH

SHEET NO.

No.	Date	Account	Description	Debit	Credit	Balance
1						
2						
3						
4						
5						
6						
7						
8						
9						
10						
11						
12						
13						
14						
15						
16						
17						
18						
19						
20						

NOTES

ACCOUNTING **LEDGER**

YEAR

MONTH

SHEET NO.

No.	Date	Account	Description	Debit	Credit	Balance
1						
2						
3						
4						
5						
6						
7						
8						
9						
10						
11						
12						
13						
14						
15						
16						
17						
18						
19						
20						

NOTES

ACCOUNTING **LEDGER**

YEAR

MONTH

SHEET NO.

No.	Date	Account	Description	Debit	Credit	Balance
1						
2						
3						
4						
5						
6						
7						
8						
9						
10						
11						
12						
13						
14						
15						
16						
17						
18						
19						
20						

NOTES

ACCOUNTING **LEDGER**

YEAR

MONTH

SHEET NO.

No.	Date	Account	Description	Debit	Credit	Balance
1						
2						
3						
4						
5						
6						
7						
8						
9						
10						
11						
12						
13						
14						
15						
16						
17						
18						
19						
20						

NOTES

ACCOUNTING **LEDGER**

YEAR

MONTH

SHEET NO.

No.	Date	Account	Description	Debit	Credit	Balance
1						
2						
3						
4						
5						
6						
7						
8						
9						
10						
11						
12						
13						
14						
15						
16						
17						
18						
19						
20						

NOTES

ACCOUNTING LEDGER

YEAR

MONTH

SHEET NO.

No.	Date	Account	Description	Debit	Credit	Balance
1						
2						
3						
4						
5						
6						
7						
8						
9						
10						
11						
12						
13						
14						
15						
16						
17						
18						
19						
20						

NOTES

ACCOUNTING **LEDGER**

YEAR

MONTH

SHEET NO.

No.	Date	Account	Description	Debit	Credit	Balance
1						
2						
3						
4						
5						
6						
7						
8						
9						
10						
11						
12						
13						
14						
15						
16						
17						
18						
19						
20						

NOTES

ACCOUNTING **LEDGER** YEAR

MONTH | *SHEET NO.*

No.	Date	Account	Description	Debit	Credit	Balance
1						
2						
3						
4						
5						
6						
7						
8						
9						
10						
11						
12						
13						
14						
15						
16						
17						
18						
19						
20						

NOTES

ACCOUNTING **LEDGER** **YEAR**

MONTH

SHEET NO.

No.	Date	Account	Description	Debit	Credit	Balance
1						
2						
3						
4						
5						
6						
7						
8						
9						
10						
11						
12						
13						
14						
15						
16						
17						
18						
19						
20						

NOTES

ACCOUNTING LEDGER

YEAR

MONTH

SHEET NO.

No.	Date	Account	Description	Debit	Credit	Balance
1						
2						
3						
4						
5						
6						
7						
8						
9						
10						
11						
12						
13						
14						
15						
16						
17						
18						
19						
20						

NOTES

ACCOUNTING LEDGER

YEAR

MONTH

SHEET NO.

No.	Date	Account	Description	Debit	Credit	Balance
1						
2						
3						
4						
5						
6						
7						
8						
9						
10						
11						
12						
13						
14						
15						
16						
17						
18						
19						
20						

NOTES

ACCOUNTING **LEDGER** YEAR

MONTH *SHEET NO.*

No.	Date	Account	Description	Debit	Credit	Balance
1						
2						
3						
4						
5						
6						
7						
8						
9						
10						
11						
12						
13						
14						
15						
16						
17						
18						
19						
20						

NOTES

ACCOUNTING **LEDGER**

YEAR

MONTH

SHEET NO.

No.	Date	Account	Description	Debit	Credit	Balance
1						
2						
3						
4						
5						
6						
7						
8						
9						
10						
11						
12						
13						
14						
15						
16						
17						
18						
19						
20						

NOTES

ACCOUNTING LEDGER

YEAR

MONTH

SHEET NO.

No.	Date	Account	Description	Debit	Credit	Balance
1						
2						
3						
4						
5						
6						
7						
8						
9						
10						
11						
12						
13						
14						
15						
16						
17						
18						
19						
20						

NOTES

ACCOUNTING LEDGER

YEAR

MONTH

SHEET NO.

No.	Date	Account	Description	Debit	Credit	Balance
1						
2						
3						
4						
5						
6						
7						
8						
9						
10						
11						
12						
13						
14						
15						
16						
17						
18						
19						
20						

NOTES

ACCOUNTING **LEDGER**

YEAR

MONTH

SHEET NO.

No.	Date	Account	Description	Debit	Credit	Balance
1						
2						
3						
4						
5						
6						
7						
8						
9						
10						
11						
12						
13						
14						
15						
16						
17						
18						
19						
20						

NOTES

ACCOUNTING **LEDGER**

YEAR

MONTH

SHEET NO.

No.	Date	Account	Description	Debit	Credit	Balance
1						
2						
3						
4						
5						
6						
7						
8						
9						
10						
11						
12						
13						
14						
15						
16						
17						
18						
19						
20						

NOTES

ACCOUNTING **LEDGER**

YEAR

MONTH

SHEET NO.

No.	Date	Account	Description	Debit	Credit	Balance
1						
2						
3						
4						
5						
6						
7						
8						
9						
10						
11						
12						
13						
14						
15						
16						
17						
18						
19						
20						

NOTES

ACCOUNTING **LEDGER**

YEAR

MONTH

SHEET NO.

No.	Date	Account	Description	Debit	Credit	Balance
1						
2						
3						
4						
5						
6						
7						
8						
9						
10						
11						
12						
13						
14						
15						
16						
17						
18						
19						
20						

NOTES

ACCOUNTING **LEDGER**

YEAR

MONTH

SHEET NO.

No.	Date	Account	Description	Debit	Credit	Balance
1						
2						
3						
4						
5						
6						
7						
8						
9						
10						
11						
12						
13						
14						
15						
16						
17						
18						
19						
20						

NOTES

ACCOUNTING **LEDGER**

YEAR

MONTH

SHEET NO.

No.	Date	Account	Description	Debit	Credit	Balance
1						
2						
3						
4						
5						
6						
7						
8						
9						
10						
11						
12						
13						
14						
15						
16						
17						
18						
19						
20						

NOTES

ACCOUNTING **LEDGER**

YEAR

MONTH

SHEET NO.

No.	Date	Account	Description	Debit	Credit	Balance
1						
2						
3						
4						
5						
6						
7						
8						
9						
10						
11						
12						
13						
14						
15						
16						
17						
18						
19						
20						

NOTES

ACCOUNTING LEDGER

YEAR

MONTH

SHEET NO.

No.	Date	Account	Description	Debit	Credit	Balance
1						
2						
3						
4						
5						
6						
7						
8						
9						
10						
11						
12						
13						
14						
15						
16						
17						
18						
19						
20						

NOTES

ACCOUNTING **LEDGER** **YEAR**

MONTH *SHEET NO.*

No.	Date	Account	Description	Debit	Credit	Balance
1						
2						
3						
4						
5						
6						
7						
8						
9						
10						
11						
12						
13						
14						
15						
16						
17						
18						
19						
20						

NOTES

ACCOUNTING **LEDGER** YEAR

MONTH SHEET NO.

No.	Date	Account	Description	Debit	Credit	Balance
1						
2						
3						
4						
5						
6						
7						
8						
9						
10						
11						
12						
13						
14						
15						
16						
17						
18						
19						
20						

NOTES

ACCOUNTING LEDGER

YEAR

MONTH

SHEET NO.

No.	Date	Account	Description	Debit	Credit	Balance
1						
2						
3						
4						
5						
6						
7						
8						
9						
10						
11						
12						
13						
14						
15						
16						
17						
18						
19						
20						

NOTES

ACCOUNTING LEDGER

YEAR

MONTH

SHEET NO.

No.	Date	Account	Description	Debit	Credit	Balance
1						
2						
3						
4						
5						
6						
7						
8						
9						
10						
11						
12						
13						
14						
15						
16						
17						
18						
19						
20						

NOTES

ACCOUNTING **LEDGER**

YEAR

MONTH

SHEET NO.

No.	Date	Account	Description	Debit	Credit	Balance
1						
2						
3						
4						
5						
6						
7						
8						
9						
10						
11						
12						
13						
14						
15						
16						
17						
18						
19						
20						

NOTES

ACCOUNTING **LEDGER** YEAR

MONTH | *SHEET NO.*

No.	Date	Account	Description	Debit	Credit	Balance
1						
2						
3						
4						
5						
6						
7						
8						
9						
10						
11						
12						
13						
14						
15						
16						
17						
18						
19						
20						

NOTES

ACCOUNTING **LEDGER**

YEAR

MONTH

SHEET NO.

No.	Date	Account	Description	Debit	Credit	Balance
1						
2						
3						
4						
5						
6						
7						
8						
9						
10						
11						
12						
13						
14						
15						
16						
17						
18						
19						
20						

NOTES

ACCOUNTING **LEDGER**

YEAR

MONTH

SHEET NO.

No.	Date	Account	Description	Debit	Credit	Balance
1						
2						
3						
4						
5						
6						
7						
8						
9						
10						
11						
12						
13						
14						
15						
16						
17						
18						
19						
20						

NOTES

ACCOUNTING **LEDGER** YEAR

MONTH | *SHEET NO.*

No.	Date	Account	Description	Debit	Credit	Balance
1						
2						
3						
4						
5						
6						
7						
8						
9						
10						
11						
12						
13						
14						
15						
16						
17						
18						
19						
20						

NOTES

ACCOUNTING **LEDGER** YEAR

MONTH | *SHEET NO.*

No.	Date	Account	Description	Debit	Credit	Balance
1						
2						
3						
4						
5						
6						
7						
8						
9						
10						
11						
12						
13						
14						
15						
16						
17						
18						
19						
20						

NOTES

ACCOUNTING **LEDGER** **YEAR**

MONTH *SHEET NO.*

No.	Date	Account	Description	Debit	Credit	Balance
1						
2						
3						
4						
5						
6						
7						
8						
9						
10						
11						
12						
13						
14						
15						
16						
17						
18						
19						
20						

NOTES

ACCOUNTING LEDGER

YEAR

MONTH   *SHEET NO.*

No.	Date	Account	Description	Debit	Credit	Balance
1						
2						
3						
4						
5						
6						
7						
8						
9						
10						
11						
12						
13						
14						
15						
16						
17						
18						
19						
20						

NOTES

ACCOUNTING LEDGER

YEAR

MONTH

SHEET NO.

No.	Date	Account	Description	Debit	Credit	Balance
1						
2						
3						
4						
5						
6						
7						
8						
9						
10						
11						
12						
13						
14						
15						
16						
17						
18						
19						
20						

NOTES

ACCOUNTING **LEDGER** YEAR

MONTH | *SHEET NO.*

No.	Date	Account	Description	Debit	Credit	Balance
1						
2						
3						
4						
5						
6						
7						
8						
9						
10						
11						
12						
13						
14						
15						
16						
17						
18						
19						
20						

NOTES

ACCOUNTING **LEDGER** YEAR

MONTH | *SHEET NO.*

No.	Date	Account	Description	Debit	Credit	Balance
1						
2						
3						
4						
5						
6						
7						
8						
9						
10						
11						
12						
13						
14						
15						
16						
17						
18						
19						
20						

NOTES

ACCOUNTING **LEDGER** YEAR

MONTH

SHEET NO.

No.	Date	Account	Description	Debit	Credit	Balance
1						
2						
3						
4						
5						
6						
7						
8						
9						
10						
11						
12						
13						
14						
15						
16						
17						
18						
19						
20						

NOTES

ACCOUNTING LEDGER

YEAR

MONTH

SHEET NO.

No.	Date	Account	Description	Debit	Credit	Balance
1						
2						
3						
4						
5						
6						
7						
8						
9						
10						
11						
12						
13						
14						
15						
16						
17						
18						
19						
20						

NOTES

ACCOUNTING LEDGER

YEAR

MONTH

SHEET NO.

No.	Date	Account	Description	Debit	Credit	Balance
1						
2						
3						
4						
5						
6						
7						
8						
9						
10						
11						
12						
13						
14						
15						
16						
17						
18						
19						
20						

NOTES

ACCOUNTING LEDGER

YEAR

MONTH

SHEET NO.

No.	Date	Account	Description	Debit	Credit	Balance
1						
2						
3						
4						
5						
6						
7						
8						
9						
10						
11						
12						
13						
14						
15						
16						
17						
18						
19						
20						

NOTES

ACCOUNTING LEDGER

YEAR

MONTH

SHEET NO.

No.	Date	Account	Description	Debit	Credit	Balance
1						
2						
3						
4						
5						
6						
7						
8						
9						
10						
11						
12						
13						
14						
15						
16						
17						
18						
19						
20						

NOTES

ACCOUNTING **LEDGER** YEAR

MONTH | *SHEET NO.*

No.	Date	Account	Description	Debit	Credit	Balance
1						
2						
3						
4						
5						
6						
7						
8						
9						
10						
11						
12						
13						
14						
15						
16						
17						
18						
19						
20						

NOTES

ACCOUNTING **LEDGER** YEAR

MONTH

SHEET NO.

No.	Date	Account	Description	Debit	Credit	Balance
1						
2						
3						
4						
5						
6						
7						
8						
9						
10						
11						
12						
13						
14						
15						
16						
17						
18						
19						
20						

NOTES

ACCOUNTING LEDGER

YEAR

MONTH

SHEET NO.

No.	Date	Account	Description	Debit	Credit	Balance
1						
2						
3						
4						
5						
6						
7						
8						
9						
10						
11						
12						
13						
14						
15						
16						
17						
18						
19						
20						

NOTES

ACCOUNTING LEDGER

YEAR

MONTH

SHEET NO.

No.	Date	Account	Description	Debit	Credit	Balance
1						
2						
3						
4						
5						
6						
7						
8						
9						
10						
11						
12						
13						
14						
15						
16						
17						
18						
19						
20						

NOTES

ACCOUNTING **LEDGER** **YEAR**

MONTH *SHEET NO.*

No.	Date	Account	Description	Debit	Credit	Balance
1						
2						
3						
4						
5						
6						
7						
8						
9						
10						
11						
12						
13						
14						
15						
16						
17						
18						
19						
20						

NOTES

ACCOUNTING **LEDGER** **YEAR**

MONTH *SHEET NO.*

No.	Date	Account	Description	Debit	Credit	Balance
1						
2						
3						
4						
5						
6						
7						
8						
9						
10						
11						
12						
13						
14						
15						
16						
17						
18						
19						
20						

NOTES

ACCOUNTING **LEDGER** YEAR

MONTH *SHEET NO.*

No.	Date	Account	Description	Debit	Credit	Balance
1						
2						
3						
4						
5						
6						
7						
8						
9						
10						
11						
12						
13						
14						
15						
16						
17						
18						
19						
20						

NOTES

ACCOUNTING LEDGER

YEAR

MONTH

SHEET NO.

No.	Date	Account	Description	Debit	Credit	Balance
1						
2						
3						
4						
5						
6						
7						
8						
9						
10						
11						
12						
13						
14						
15						
16						
17						
18						
19						
20						

NOTES

ACCOUNTING LEDGER

YEAR

MONTH | *SHEET NO.*

No.	Date	Account	Description	Debit	Credit	Balance
1						
2						
3						
4						
5						
6						
7						
8						
9						
10						
11						
12						
13						
14						
15						
16						
17						
18						
19						
20						

NOTES

ACCOUNTING LEDGER

YEAR

MONTH

SHEET NO.

No.	Date	Account	Description	Debit	Credit	Balance
1						
2						
3						
4						
5						
6						
7						
8						
9						
10						
11						
12						
13						
14						
15						
16						
17						
18						
19						
20						

NOTES

ACCOUNTING LEDGER

YEAR

MONTH | *SHEET NO.*

No.	Date	Account	Description	Debit	Credit	Balance
1						
2						
3						
4						
5						
6						
7						
8						
9						
10						
11						
12						
13						
14						
15						
16						
17						
18						
19						
20						

NOTES

ACCOUNTING LEDGER

YEAR

MONTH

SHEET NO.

No.	Date	Account	Description	Debit	Credit	Balance
1						
2						
3						
4						
5						
6						
7						
8						
9						
10						
11						
12						
13						
14						
15						
16						
17						
18						
19						
20						

NOTES

ACCOUNTING LEDGER

YEAR

MONTH

SHEET NO.

No.	Date	Account	Description	Debit	Credit	Balance
1						
2						
3						
4						
5						
6						
7						
8						
9						
10						
11						
12						
13						
14						
15						
16						
17						
18						
19						
20						

NOTES

ACCOUNTING LEDGER

YEAR

MONTH

SHEET NO.

No.	Date	Account	Description	Debit	Credit	Balance
1						
2						
3						
4						
5						
6						
7						
8						
9						
10						
11						
12						
13						
14						
15						
16						
17						
18						
19						
20						

NOTES

ACCOUNTING **LEDGER** YEAR

MONTH | *SHEET NO.*

No.	Date	Account	Description	Debit	Credit	Balance
1						
2						
3						
4						
5						
6						
7						
8						
9						
10						
11						
12						
13						
14						
15						
16						
17						
18						
19						
20						

NOTES

ACCOUNTING **LEDGER**

YEAR

MONTH

SHEET NO.

No.	Date	Account	Description	Debit	Credit	Balance
1						
2						
3						
4						
5						
6						
7						
8						
9						
10						
11						
12						
13						
14						
15						
16						
17						
18						
19						
20						

NOTES

ACCOUNTING LEDGER

YEAR

MONTH | *SHEET NO.*

No.	Date	Account	Description	Debit	Credit	Balance
1						
2						
3						
4						
5						
6						
7						
8						
9						
10						
11						
12						
13						
14						
15						
16						
17						
18						
19						
20						

NOTES

ACCOUNTING **LEDGER** YEAR

MONTH

SHEET NO.

No.	Date	Account	Description	Debit	Credit	Balance
1						
2						
3						
4						
5						
6						
7						
8						
9						
10						
11						
12						
13						
14						
15						
16						
17						
18						
19						
20						

NOTES

ACCOUNTING LEDGER

YEAR

MONTH

SHEET NO.

No.	Date	Account	Description	Debit	Credit	Balance
1						
2						
3						
4						
5						
6						
7						
8						
9						
10						
11						
12						
13						
14						
15						
16						
17						
18						
19						
20						

NOTES

ACCOUNTING LEDGER

YEAR

MONTH

SHEET NO.

No.	Date	Account	Description	Debit	Credit	Balance
1						
2						
3						
4						
5						
6						
7						
8						
9						
10						
11						
12						
13						
14						
15						
16						
17						
18						
19						
20						

NOTES

ACCOUNTING LEDGER

YEAR

MONTH

SHEET NO.

No.	Date	Account	Description	Debit	Credit	Balance
1						
2						
3						
4						
5						
6						
7						
8						
9						
10						
11						
12						
13						
14						
15						
16						
17						
18						
19						
20						

NOTES

ACCOUNTING **LEDGER** YEAR

MONTH 　　　　　　*SHEET NO.*

No.	Date	Account	Description	Debit	Credit	Balance
1						
2						
3						
4						
5						
6						
7						
8						
9						
10						
11						
12						
13						
14						
15						
16						
17						
18						
19						
20						

NOTES

ACCOUNTING LEDGER

YEAR

MONTH

SHEET NO.

No.	Date	Account	Description	Debit	Credit	Balance
1						
2						
3						
4						
5						
6						
7						
8						
9						
10						
11						
12						
13						
14						
15						
16						
17						
18						
19						
20						

NOTES

ACCOUNTING LEDGER

YEAR

MONTH

SHEET NO.

No.	Date	Account	Description	Debit	Credit	Balance
1						
2						
3						
4						
5						
6						
7						
8						
9						
10						
11						
12						
13						
14						
15						
16						
17						
18						
19						
20						

NOTES

ACCOUNTING LEDGER

YEAR

MONTH

SHEET NO.

No.	Date	Account	Description	Debit	Credit	Balance
1						
2						
3						
4						
5						
6						
7						
8						
9						
10						
11						
12						
13						
14						
15						
16						
17						
18						
19						
20						

NOTES

ACCOUNTING LEDGER

YEAR

MONTH

SHEET NO.

No.	Date	Account	Description	Debit	Credit	Balance
1						
2						
3						
4						
5						
6						
7						
8						
9						
10						
11						
12						
13						
14						
15						
16						
17						
18						
19						
20						

NOTES

ACCOUNTING LEDGER

YEAR

MONTH

SHEET NO.

No.	Date	Account	Description	Debit	Credit	Balance
1						
2						
3						
4						
5						
6						
7						
8						
9						
10						
11						
12						
13						
14						
15						
16						
17						
18						
19						
20						

NOTES

ACCOUNTING **LEDGER** **YEAR**

MONTH *SHEET NO.*

No.	Date	Account	Description	Debit	Credit	Balance
1						
2						
3						
4						
5						
6						
7						
8						
9						
10						
11						
12						
13						
14						
15						
16						
17						
18						
19						
20						

NOTES

ACCOUNTING LEDGER

YEAR

MONTH | *SHEET NO.*

No.	Date	Account	Description	Debit	Credit	Balance
1						
2						
3						
4						
5						
6						
7						
8						
9						
10						
11						
12						
13						
14						
15						
16						
17						
18						
19						
20						

NOTES

ACCOUNTING **LEDGER** YEAR

MONTH ________ *SHEET NO.* ________

No.	Date	Account	Description	Debit	Credit	Balance
1						
2						
3						
4						
5						
6						
7						
8						
9						
10						
11						
12						
13						
14						
15						
16						
17						
18						
19						
20						

NOTES

ACCOUNTING LEDGER

YEAR

MONTH

SHEET NO.

No.	Date	Account	Description	Debit	Credit	Balance
1						
2						
3						
4						
5						
6						
7						
8						
9						
10						
11						
12						
13						
14						
15						
16						
17						
18						
19						
20						

NOTES

ACCOUNTING **LEDGER** **YEAR**

MONTH *SHEET NO.*

No.	Date	Account	Description	Debit	Credit	Balance
1						
2						
3						
4						
5						
6						
7						
8						
9						
10						
11						
12						
13						
14						
15						
16						
17						
18						
19						
20						

NOTES

ACCOUNTING LEDGER

YEAR

MONTH | *SHEET NO.*

No.	Date	Account	Description	Debit	Credit	Balance
1						
2						
3						
4						
5						
6						
7						
8						
9						
10						
11						
12						
13						
14						
15						
16						
17						
18						
19						
20						

NOTES

ACCOUNTING **LEDGER** YEAR

MONTH | *SHEET NO.*

No.	Date	Account	Description	Debit	Credit	Balance
1						
2						
3						
4						
5						
6						
7						
8						
9						
10						
11						
12						
13						
14						
15						
16						
17						
18						
19						
20						

NOTES

ACCOUNTING LEDGER

YEAR

MONTH | *SHEET NO.*

No.	Date	Account	Description	Debit	Credit	Balance
1						
2						
3						
4						
5						
6						
7						
8						
9						
10						
11						
12						
13						
14						
15						
16						
17						
18						
19						
20						

NOTES

ACCOUNTING LEDGER

YEAR

MONTH

SHEET NO.

No.	Date	Account	Description	Debit	Credit	Balance
1						
2						
3						
4						
5						
6						
7						
8						
9						
10						
11						
12						
13						
14						
15						
16						
17						
18						
19						
20						

NOTES

ACCOUNTING LEDGER

YEAR

MONTH

SHEET NO.

No.	Date	Account	Description	Debit	Credit	Balance
1						
2						
3						
4						
5						
6						
7						
8						
9						
10						
11						
12						
13						
14						
15						
16						
17						
18						
19						
20						

NOTES

ACCOUNTING **LEDGER** **YEAR**

MONTH

SHEET NO.

No.	Date	Account	Description	Debit	Credit	Balance
1						
2						
3						
4						
5						
6						
7						
8						
9						
10						
11						
12						
13						
14						
15						
16						
17						
18						
19						
20						

NOTES

ACCOUNTING LEDGER

YEAR

MONTH

SHEET NO.

No.	Date	Account	Description	Debit	Credit	Balance
1						
2						
3						
4						
5						
6						
7						
8						
9						
10						
11						
12						
13						
14						
15						
16						
17						
18						
19						
20						

NOTES

ACCOUNTING LEDGER

YEAR

MONTH

SHEET NO.

No.	Date	Account	Description	Debit	Credit	Balance
1						
2						
3						
4						
5						
6						
7						
8						
9						
10						
11						
12						
13						
14						
15						
16						
17						
18						
19						
20						

NOTES

ACCOUNTING **LEDGER** YEAR

MONTH *SHEET NO.*

No.	Date	Account	Description	Debit	Credit	Balance
1						
2						
3						
4						
5						
6						
7						
8						
9						
10						
11						
12						
13						
14						
15						
16						
17						
18						
19						
20						

NOTES

ACCOUNTING LEDGER

YEAR

MONTH

SHEET NO.

No.	Date	Account	Description	Debit	Credit	Balance
1						
2						
3						
4						
5						
6						
7						
8						
9						
10						
11						
12						
13						
14						
15						
16						
17						
18						
19						
20						

NOTES

ACCOUNTING LEDGER

YEAR

MONTH

SHEET NO.

No.	Date	Account	Description	Debit	Credit	Balance
1						
2						
3						
4						
5						
6						
7						
8						
9						
10						
11						
12						
13						
14						
15						
16						
17						
18						
19						
20						

NOTES

ACCOUNTING LEDGER

YEAR

MONTH

SHEET NO.

No.	Date	Account	Description	Debit	Credit	Balance
1						
2						
3						
4						
5						
6						
7						
8						
9						
10						
11						
12						
13						
14						
15						
16						
17						
18						
19						
20						

NOTES

ACCOUNTING LEDGER

YEAR

MONTH

SHEET NO.

No.	Date	Account	Description	Debit	Credit	Balance
1						
2						
3						
4						
5						
6						
7						
8						
9						
10						
11						
12						
13						
14						
15						
16						
17						
18						
19						
20						

NOTES

ACCOUNTING **LEDGER** YEAR

MONTH *SHEET NO.*

No.	Date	Account	Description	Debit	Credit	Balance
1						
2						
3						
4						
5						
6						
7						
8						
9						
10						
11						
12						
13						
14						
15						
16						
17						
18						
19						
20						

NOTES

ACCOUNTING LEDGER

YEAR

MONTH

SHEET NO.

No.	Date	Account	Description	Debit	Credit	Balance
1						
2						
3						
4						
5						
6						
7						
8						
9						
10						
11						
12						
13						
14						
15						
16						
17						
18						
19						
20						

NOTES

ACCOUNTING LEDGER

YEAR

MONTH

SHEET NO.

No.	Date	Account	Description	Debit	Credit	Balance
1						
2						
3						
4						
5						
6						
7						
8						
9						
10						
11						
12						
13						
14						
15						
16						
17						
18						
19						
20						

NOTES

ACCOUNTING LEDGER

YEAR

MONTH

SHEET NO.

No.	Date	Account	Description	Debit	Credit	Balance
1						
2						
3						
4						
5						
6						
7						
8						
9						
10						
11						
12						
13						
14						
15						
16						
17						
18						
19						
20						

NOTES

ACCOUNTING LEDGER

YEAR

MONTH

SHEET NO.

No.	Date	Account	Description	Debit	Credit	Balance
1						
2						
3						
4						
5						
6						
7						
8						
9						
10						
11						
12						
13						
14						
15						
16						
17						
18						
19						
20						

NOTES

ACCOUNTING **LEDGER** YEAR

MONTH *SHEET NO.*

No.	Date	Account	Description	Debit	Credit	Balance
1						
2						
3						
4						
5						
6						
7						
8						
9						
10						
11						
12						
13						
14						
15						
16						
17						
18						
19						
20						

NOTES

ACCOUNTING **LEDGER** YEAR

MONTH

SHEET NO.

No.	Date	Account	Description	Debit	Credit	Balance
1						
2						
3						
4						
5						
6						
7						
8						
9						
10						
11						
12						
13						
14						
15						
16						
17						
18						
19						
20						

NOTES

ACCOUNTING **LEDGER** **YEAR**

MONTH | *SHEET NO.*

No.	Date	Account	Description	Debit	Credit	Balance
1						
2						
3						
4						
5						
6						
7						
8						
9						
10						
11						
12						
13						
14						
15						
16						
17						
18						
19						
20						

NOTES

Printed in Poland
by Amazon Fulfillment
Poland Sp. z o.o., Wrocław
24 October 2023

b54716c1-9fcd-4b97-a293-44392b196771R01